Yf

812

VERS
POVR LE BALLET
DV ROY,

REPRESENTANT LES ADVANTVRES
DE TANCREDE EN LA FOREST
ENCHANTEE.

A PARIS,

Par IEAN SARA, rue sainct Iean de Beauuais,
deuant les Escholles de Decret.

M. DC. XIX.

VERS

POVR LE BALLET DV ROY,

REPRESENTANT LES ADVANTVRES DE TANCREDE EN LA FOREST ENCHANTEE.

RECIT D'ISMEN MAGICIEN, QVI
vient faire sortir Pan & les autres Deitez de la Forest
de Hierusalem, laquelle il veut enchanter & commettre à la garde des puissances Infernalles.

IE suis cet enchanteur si fameux par le monde,
Ismen de qui la voix resuscite les morts,
Par les plaines de l'air las de faire la ronde
I'ay terminé ma course aux Enfers d'où je sors.

Ie roulle en mon esprit de si hautes pensées
Pour faire que Sion ne soit point mise aux fers,
Qu'à la veille de voir ses murailles forcées
I'ay creu qu'il me falloit consulter les Enfers.

Puisque des fiers torrens l'imperieuse audace
S'arreste & se desborde à ma discretion,
Ne pourray-je arrester l'outrageuse menace
Des Chrestiens obstinez au siege de Sion?

A ij

Leur chef dont le courage est affamé de gloire,
En vain par ses travaux espere l'emporter ;
Les degres pour monter à si haute victoire
Sont en cette forest que je vais enchanter.

Ie sçauray remparer ses fieres aduenues
De tant de murs armez, de monstres & de feux,
Que leur flame & leurs cris montans jusques aux nues
Feroient mesme au Dieu Mars herisser les cheueux.

Sans craindre que le Ciel à mes faits porte enuie,
Ie crains sur tous les Rois & Princes estrangers,
Godefroy, ce lion ennemy de sa vie,
Que l'honneur precipite au milieu des dangers.

Ie crains que son courage à qui tout effort cede
De ses murs flamboians ne force le rempart,
Ioignant à sa valeur la valeur de Tancrede,
A qui de cette gloire il voudra faire part.

Qu'ils donnent tout en proye à leurs fureurs extresmes,
Ils ne gangneront rien d'estre victorieux :
Car ie puis au besoin les vaincre par eux-mesmes,
Leur faisant receuoir vn affront glorieux.

Aux arbres de ce bois s'ils donnent des attaintes,
Les Esprits que i'auray sous l'escorce enfermez
Verseront tout à coup tant de sang & de plaintes,
Qu'aussi tost la pitié les rendra desarmez.

Ainsi

Ainſi voulant commettre & ce bois & ces plaines
Aux Demons enflamez d'vn eternel courroux,
Vous Pan, Faunes, Siluains, Satyres, & Silenes,
Sans tarder plus long temps, ſus deſlogez-en tous.

SECOND RECIT DV MESME MAGICIEN,
qui inuoque Pluton & les puiſſances Infernalles pour
venir garder ladicte Foreſt.

O Y Pluton, qui regis l'infernalle cauerne,
Et vous Iuges affreux, d'implacable courroux,
Demons, hoſtes cruels des gouffres de l'Auerne,
Accourez à ma voix, ie vous inuoque tous.

Donnez, toute l'horreur dedans l'Enfer encloſe
Au ſecours de Sion, & ſongneux de garder
Les arbres de ce bois où ſon ſalut repoſe,
Faites que les François ne l'oſent aborder.

Remparez ſes dehors de cent formes confuſes,
Où paroiſſent des feux, des murs, & des archers,
Dont les affreux regards ſoient autant de Meduſes,
Qui les cœurs les plus fiers transforment en rochers.

Vous autres defenſeurs du dedans & des riues,
Dedans cette Foreſt diſpoſez tous de rang,
Animez ſes oiſeaux de mille voix plaintiues,
Ses vents de longs ſouſpirs, & ſes arbres de ſang.

B

Quoy ? vos rebellions me feront cette iniure
De vous rendre à mes loix le courage endurci,
Et de vous retenir lors que ie vous coniure ?
Que si, que si Demons : mais en fin les voyci.

POVR LE ROY, REPRESENTANT LE
Chef dès Cheualiers des Aduantures.

CHEF de cent nations aux combats animées,
Ie ne suis point venu dans les champs Idumées
    Poußé d'ambition,
Mais poußé d'vne ardeur d'embraßer la querelle
    De la pauure Sion,
Qui gemist sous le joug d'vn Tyran infidelle.

Le prodige qui tient cette ville captiue
Ne faict point que mes yeux d'vne œillade craintiue
    Mesurent son pouuoir.
Si ce monstre cruel me donne de la crainte,
    C'est la crainte de voir
Les ruißeaux de son sang soüiller la terre Saincte.

Quand ie ne pourrois faire aux despens de ma vie
Que la Cité de Dieu ne fust plus asseruie,
    Ma gloire & mon bon-heur,
C'est que de tous les Roys le Roy le plus auguste,
    N'a iamais eu l'honneur
De sestre mis aux champs pour querelle si juste.

POVR LES BVSCHERONS, SCIEVRS DE BOIS, SAGITTAIRES, ET CHEVALLIERS DE l'armée Chrestienne enuoyez en la Forest enchantée : qui est la trouppe qui a dansé auec le Roy selon l'ordre cy apres.

POVR LES BVSCHERONS.

AVX DAMES.

POVR MONSIEVR DE LIANCOVRT.

Y de ces Buscherons, qui naiz dans le mespris
Au bois sec ou tortu font vne triste guerre :
Les arbres les plus beaux des Forests de Cypris,
Sont le bois glorieux que ie couche par terre.

POVR MONSIEVR DE BLEINVILLE.

Ien que ie sois poußé du desir de parestre,
Ne me souhaittez pas, que la faueur des Roys
Me face quelque iour grãd Veneur, ou grãd Maistre,
C'est assez que ie sois grand abbateur de bois.

POVR MONSIEVR-D'HVMIERES.

E n'est pas grand trophée
Que la lyre d'Orphée
Des plus fiers animaux ait charmé le courroux :
La douceur tesmoignée
Du son de ma congnée
Rauit tous les oyseaux excepté les Coucoux.

POVR MONSIEVR DE CHALEZ.

Beautez, qui voyez, le meſtier que ie fais,
Si vous me meſpriſiez, il iroit bien du voſtre:
Ma congnée aujourd'huy faiɛt d'eſtranges effets,
Quand elle abbat du bois elle en faiɛt venir d'autre.

POVR LES SCIEVRS DE BOIS.

AVX DAMES.

POVR MONSIEVR D'ELBEVF.

IE trauaille ſans ceſſe auec vn tel effort
A ſcier des Beautez la rigueur endurcie,
Que l'Amour eſt ingrat ſi quand ie ſeray mort
Dans le Ciel de Venus il ne loge ma ſcie.

POVR MONSIEVR DE ROHAN.

PErſonne mes vœux ne reçoit
Qui ſoudain ne m'en remercie,
Car tout ce que l'œil apperçoit
N'a rien de ſi doux que ma ſcie.

POVR MONSIEVR LE COMTE DE LA ROCHE-GVYON.

NE meſpriſez point mon outil,
L'aduantage qu'il vous preſente
C'eſt qu'il n'eſt rien de ſi ſubtil
A ſe loger dans vne fente.

POVR

POVR MONSIEVR LE GENERAL
DES GALERES

IE ne ſuis point de ceux dont l'outil mercenaire
Sert indifferemment à toutes ſortes d'arts,
Si mes bras à ſcier ſ'occupent d'ordinaire,
C'eſt pour les traits d'amour, & les lances de Mars.

POVR LES SAGITTAIRES.

AVX DAMES.

POVR MONSIEVR DE BASSOMPIERRE.

PVis que l'amour m'appelle au meſtier de Bellonne,
Que n'ay-je comme vous le courage inhumain,
Et que n'ay-je, ô Beautez, le pouuoir qu'il vous donne,
C'eſt de bander vn arc ſans y mettre la main.

POVR MONSIEVR DE BRANTES.

BIen que mon arc bande à cauſe de vous,
Et que ma fleſche à nulle autre ne cede,
Ne craignez point la rigueur de mes coups,
S'ils font le mal ils donnent le remede.

POVR MONSIEVR DE COVRTANVAVT.

NE cachez point les lis de voſtre gorge ouuerte,
Ie ſuis trop malheureux lors que ie viſe au blanc,
Sur moy ſeul, ô Beautez, tombe toute la perte,
Ie ne tire vn ſeul coup qu'aux deſpens de mon ſang.

C

POVR MONSIEVR LE COMTE DE LA ROCHE-FOVCAVLT.

NE craignez point les traits que mon bras va tirer,
    Toute ame que ie blesse en est d'ayse rauie.
    Quel mal à mes amis pourrois-je procurer,
    Puis qu'à mes ennemis mes coups donnent la vie?

Recit des Esprits enfermez en la Forest enchantée,
    qui se plaignent aux Cheualliers qui entrerent
    par force en ladicte Forest, de ce qu'ils
    viennent troubler leur repos.

QVelle estrange manie, ô cruels aduersaires,
    Precipite vos pas
   En ces lieux solitaires,
   Où n'habitent sinon l'horreur & le trespas?

Au moins en vos fureurs ne priuez point de vie
    Les arbres de ce bois,
   Si vous n'auez enuie
   De nous faire mourir pour la seconde fois.

Ce n'estoient gens de peu ceux que ce bois enserre :
    L'ardente passion
   Du mestier de la guerre,
   Les fit tomber au pied des hauts murs de Sion.

Quand son siege espuisa nostre sang & nos forces,
    Le Monarque des morts,
   De ces dures escorces
   Reuestit nos esprits despouillez de leurs corps.

Voudriez-vous nous liurant à l'excés de vos rages
    Surpasser les corbeaux,
    Et les bestes sauuages,
  Dont l'inhumanité respecte nos tombeaux?

Recit de l'esprit de Clorinde enfermé en vn Cyprés, qui se plaint à Tancrede apres qu'il eut donné vn coup d'espée audit Cyprés.

TOY, *de qui la rigueur m'a faict cesser de viure,*
    Ne te suffit-il pas
De m'auoir mise à mort, sans me venir poursuiure
  Mesme apres le trespas?

Au cercueil où ie suis quelle fureur te porte
    A troubler mon repos?
O Tancrede inhumain, me veux-tu viue & morte
  Meurtrir à tout propos?

Aux guerriers de Sion ton ame sanguinaire
    Se deuroit addresser,
Sans venir au tombeau chercher vn aduersaire,
  Qui ne peut t'offenser.

La vigueur qui me reste au tourment que i'endure,
    Et tout ce que ie puis,
C'est de te reprocher d'auoir l'ame plus dure
  Que le tronc où ie suis

Fay ce qu'il te plaira, ie ne puis à mes plainctes
 Rien adiouster sinon
Que lors que ie receus tes mortelles attaintes,
 Clorinde estoit mon nom.

POVR MONSIEVR DE LVYNES,
representant Tancrede.

*E*Sch appé des perils de la flame & du fer,
 Où mon courage alloit chercher mes funerailles,
 Ie sors d'vne Forest que les monstres d'Enfer
Deffendoient remparez de flambantes murailles.

La menace & l'effroy que leurs yeux font pleuuoir
 Pensoient intimider la fierté de mes armes,
 Mais au fort du danger leur tranchant a faict voir
 Qu'elles ont vne trempe à l'espreuue des charmes.

Au lieu que mille feux, mille morts, mille horreurs,
 Me deuoient empescher d'acheuer ma poursuitte,
 I'ay contrainct tout le camp de ses noires Fureurs
De chercher son salut dans la honte & la fuitte.

Que les siecles futurs ne m'aillent esleuans
 Pour vn si haut exploict nulles marques de gloire,
 Ie n'ay rien merité de dompter les viuans,
 Puis que les morts ont peu m'arracher la victoire.

Que dis-je transporté? ce n'est rien de nouueau
 Si des gemissemens ont combatu Tancrede;
 Ie plains mes ennemis qui gisent au tombeau,
 Et cede à la pitié quand la force me cede.

AVTRES

AVTRES VERS.

Avx Dames.

SI ie suis garanti des flames dont l'ardeur
Menaçoit tout mõ corps de le reduire en cẽdre,
Ce n'est pas, ô Beautés, que tranſi de froideur
Ie viue dans le feu comme la Salemandre.

Phyllis a ſi bien ſceu m'enflamer peu à peu
De ce rayon diuin qui dans ſon œil eſclate,
Qu'à force de bruſler i'eſprouue que le feu
M'eſt ce que le poiſon eſtoit à Mithridate.

Amour qui me deſtine vn tourment nompareil
Faict que parmy les feux ie conſerue mon eſtre:
Ou du moins ie reſſemble à l'oyſeau du Soleil,
L'œil qui me faict mourir me faict auſſi renaiſtre.

POVR MONSIEVR LE COMTE DE SOISSONS
repreſentant vn Cheuallier des Aduantures.

SI mon ſang & ma vie,
Quand l'honneur m'y conuie,
Ne ſont pas les treſors que i'eſpargne le moins,
Et ſi dans les perils i'ay faute d'aſſeurance,
Rendez-en teſmoignage, ô beautez de la France,
Vos yeux en ont eſté les fideles teſmoins.

Ils ont veu mon courage,
Couuert d'vn grand orage
Lutter contre l'effort de monſtres inhumains,
Et pour fruict glorieux de l'eſſay de mes armes,
Ils m'ont veu reuenir de l'effroy des allarmes
Les lauriers ſur le front & les palmes aux mains.

Mais bien qu'il soit notoire,
Que le desir de gloire
Ayt emporté ma vie au milieu des hazards,
I'ay tort de m'en vanter, le cœur le plus timide
Auroit esté vaillant, puis qu'il auoit pour guide
Ce Monarque, dont l'œil est vn Astre de Mars.

POVR MONSIEVR LE GRAND PRIEVR
de France representant vn Cheualier des Aduantures.

Ve ce diuin obiect qui me donne la loy
Ne m'estime de ceux dont l'amour a des aisles :
Caliste auroit grand tort de douter de ma foy,
Puisque ie suis armé contre les infidelles.

Mon cœur qui se promet vn glorieux retour
Des plus fiers ennemis ne craint point la menace,
Deux beaux yeux l'ont reply de tant de traits d'amour
Qu'vn seul des traits de Mars n'y sçauroit trouuer place.

Dequoy me seruira que le Dieu des combats
A mes faits genereux mille palmes appreste,
Si Venus qui preside aux amoureux esbats
Des myrtes les plus beaux ne couronne ma teste?

Recit que les Anges font au Ciel.

Vis que le Ciel propice aux armes de Tancrede
Par elles a produict vn merueilleux effect,
Afin que l'allegresse à la douleur succede
Honorons de nos chants l'enchantement deffaict.

Recit qu'ils viennent faire deuant la Reyne.

L'Esclat de vos Beautez, si dignes de louange
Faisoit croire à nos yeux que vous estiez vn Ange,
    Mais le Soleil & nous
N'auons rien de beau, Reyne, à l'esgal de vous.

Vos yeux, Astres diuins, remplis de chastes flames
    Seroient des libertez qu'ont les plus belles ames
    Vniques possesseurs,
N'estoit que le Ciel vous a donné deux Sœurs.

Quelle gloire à vos pieds ne se voit abbaissée,
    Puisque vostre beauté possede la pensee,
    Et les sceptres diuers
Du Roy le plus grand qui soit en l'Vniuers?

Recit qu'ils font en retournant vers le Theatre.

Vous, Esprits glorieux,
    Qui guidés le Bal des Spheres des Cieux,
    Venez tout à la fois
Danser vn Bal qui seconde nos voix.

Vos yeux voyant les clairtez
    Que respand icy l'astre des beautez
    Ne pourront au retour
Qu'auec mespris reuoir l'astre du iour.

Récit qu'ils font estans retournez au Ciel en
attendant le grand Ballet, qui represente les
Cheualliers Conquerans de la Palestine.

E Monstre dont l'Enfer fut la noire origine
Aux peuples Baptisez, ne donne plus d'effroy:
Les Chrestiens sont vainqueurs, toute la Palestine
Faict retentir au Ciel le nom de Godefroy.

Pour le Roy representant le Chef desdits
Cheualliers.

Pres auoir gangné tant de rudes batailles,
Apres auoir forcé tant de fieres murailles,
Et couru soubs l'effort d'vn monde de guerriers
   Des fortunes estranges,
Ie sors du champ de Mars, tout couuert de lauriers,
   Et comblé de louanges.

Sur le camp insolent des peuples Infideles
   La Victoire aujourdhuy n'ébranle plus ses ailes,
Son vol s'est arresté sur mon chef glorieux,
   Où le Ciel l'a guidée.
Apres mille combats ie sors victorieux
   Du Tyran de Iudée.

De ses royalles tours & palais magnifiques
Il ne paroist plus rien que de tristes reliques:
Sa honte & son trespas dérobent à mes yeux
   Ses menaces superbes,
Et l'orgueil de son front qui voysinoit les Cieux,
   Se cache sous les herbes.

                                   R. B.

www.ingramcontent.com/pod-product-compliance
Lightning Source LLC
Chambersburg PA
CBHW061813040426
42447CB00011B/2621